团 体 标 准

公路湿法岩沥青改性沥青路面施工技术指南

Guidelines for Construction of Asphalt Pavement Modified by Rock Asphalt with Wet Processing

T/CHTS 10013—2019

主编单位:交通运输部科学研究院
发布单位:中国公路学会
实施日期:2019年10月09日

人民交通出版社股份有限公司
China Communications Press Co.,Ltd.

图书在版编目(CIP)数据

公路湿法岩沥青改性沥青路面施工技术指南 ：T/CHTS10013—2019 / 交通运输部科学研究院主编. — 北京 ：人民交通出版社股份有限公司，2019.9

ISBN 978-7-114-15837-7

Ⅰ. ①公… Ⅱ. ①交… Ⅲ. ①公路路基—湿法—改性沥青—沥青路面—路面施工—技术规范—中国 Ⅳ. ①U416.1-65

中国版本图书馆 CIP 数据核字(2019)第 211879 号

标准类型：团体标准

Gonglu Shifa Yanliqing Gaixing Liqing Lumian Shigong Jishu Zhinan

标准名称：公路湿法岩沥青改性沥青路面施工技术指南

标准编号：T/CHTS 10013—2019

主编单位：交通运输部科学研究院

责任编辑：郭红蕊　韩亚楠

责任校对：孙国靖　扈　婕

责任印制：张　凯

出版发行：人民交通出版社股份有限公司

地　　址：(100011)北京市朝阳区安定门外外馆斜街 3 号

网　　址：http://www.ccpress.com.cn

销售电话：(010)59757973

总 经 销：人民交通出版社股份有限公司发行部

经　　销：各地新华书店

印　　刷：北京市密东印刷有限公司

开　　本：880×1230　1/16

印　　张：2

字　　数：47 千

版　　次：2019 年 9 月　第 1 版

印　　次：2019 年 9 月　第 1 次印刷

书　　号：ISBN 978-7-114-15837-7

定　　价：220.00 元

(有印刷、装订质量问题的图书由本公司负责调换)

中国公路学会文件

公学字〔2019〕99号

中国公路学会关于发布《公路湿法岩沥青改性沥青路面施工技术指南》的公告

现发布中国公路学会标准《公路湿法岩沥青改性沥青路面施工技术指南》(T/CHTS 10013—2019),自2019年10月9日起实施。

《公路湿法岩沥青改性沥青路面施工技术指南》(T/CHTS 10013—2019)的版权和解释权归中国公路学会所有,并委托主编单位交通运输部科学研究院负责日常解释和管理工作。

中国公路学会

2019年9月16日

前　言

为规范公路湿法岩沥青改性沥青路面施工技术，确保其路用性能，围绕湿法岩沥青改性沥青路面用材料、配合比设计、施工等各环节，开展了科学研究与试验验证工作。在广泛征求意见的基础上，制定本指南。

本指南按照《中国公路学会标准编写规则》(T/CHTS 10001)编写，共分为6章，主要内容包括：总则、术语、材料、配合比设计、施工、施工质量控制等。

本指南实施过程中，请将发现的问题和对指南的意见、建议反馈至交通运输部科学研究院（地址：北京市朝阳区惠新里240号；电话：010-58278695；电子邮箱：676247365@qq.com)，供修订时参考。

本指南由交通运输部科学研究院提出，受中国公路学会委托，由交通运输部科学研究院负责具体解释工作。

主编单位：交通运输部科学研究院

参编单位：湖北正康天然沥青科技有限公司、安徽省公路工程检测中心、新疆生产建设兵团公路科学技术研究所、中铁第四勘察设计院集团有限公司道路交通设计研究院。

主要起草人：陈景、李亚非、闫瑾、张德军、罗代松、魏道新、彭琴、沈训龙、李霖、方晓坤、田春林、张立敏、桂启涛、张翼飞、田苗苗、盛雅雯、程寅、朱逢超、葛章顺、沈俊庆、朱孟君、王哲、吴福宝、邓云纲

主要审查人：李华、张玉贞、曾赟、付智、周海涛、郭忠印、吴春颖、黄颂昌、曹荣吉、韩亚楠

目　次

公路湿法岩沥青改性沥青路面施工技术指南

1 总则

1.0.1 为指导公路湿法岩沥青改性沥青路面施工,提高其质量,制定本指南。

1.0.2 本指南适用于各等级公路新建、改建和养护工程的沥青路面。

1.0.3 公路湿法岩沥青改性沥青路面施工除应符合本指南规定外,尚应符合有关法律、法规及国家、行业现行有关标准的规定。

2 术语

2.0.1 岩沥青物理活化处理 physical treatment for rock asphalt

岩沥青经研磨、加热,使天然沥青释放的工艺。

2.0.2 岩沥青改性沥青 asphalt modified by rock asphalt

将岩沥青与基质沥青(亦可掺加一定比例的添加剂)按一定比例通过搅拌、研磨制成的改性沥青。

2.0.3 岩沥青掺量 rock asphalt content

岩沥青占基质沥青的质量百分数。

3 材料

3.1 岩沥青

3.1.1 岩沥青原材技术要求应符合现行《沥青混合料改性添加剂 第5部分:天然沥青》(JT/T 860.5)的规定。

3.1.2 物理活化处理后的岩沥青技术要求应符合表3.1.2的规定。

表3.1.2 预处理后的岩沥青技术要求

项目		单位	技术要求	试验方法
通过率	4.75mm	%	100	T 0351
	2.36mm		95~100	
	1.18mm		80~100	
坍落度		mm	<150	附录A

3.2 岩沥青改性沥青

3.2.1 基质沥青技术要求应符合现行《公路沥青路面施工技术规范》(JTG F40)的相关规定。

3.2.2 岩沥青掺量宜为10%~30%。可结合当地气候和交通等条件,并根据试验检测结果进行适当调整。

3.2.3 岩沥青改性沥青技术要求应符合表3.2.3的规定。

表3.2.3 岩沥青改性沥青技术要求

项目		单位	技术要求			试验方法
			Ⅰ型	Ⅱ型	Ⅲ型	
针入度(25℃,100g,5s)		0.1mm	60~80	40~60	30~40	T 0604
针入度指数PI		—	≥-1.0	≥-0.8	≥-0.6	T 0604
软化点 $T_{R\&B}$		℃	≥50	≥54	≥58	T 0606
黏度(135℃)		Pa·s	<3			T 0620
闪点		℃	≥230			T 0611
*溶解度(三氯乙烯)		%	≥76			T 0607
*灰分		%	≤20			T 0614
密度(15℃)		g/cm^3	实测			T 0603
TFOT	质量变化	%	-0.8~0.8			T 0609
	针入度比(25℃,100g,5s)	%	≥57	≥60	≥63	T 0604

注:1.岩沥青改性沥青宜随配随用,储存时应增加搅拌。
2.在进行岩沥青改性沥青性能试验时,除上述*试验项目外,均应采用0.6mm的滤筛过筛。

3.3 粗集料

3.3.1 粗集料技术要求应符合现行《公路沥青路面施工技术规范》(JTG F40)的规定。

3.3.2 粗集料粒径规格应符合表3.3.2的规定。

表3.3.2 粗集料规格

公称粒径(mm)	通过下列筛孔(mm)的质量百分率(%)								
	37.5	31.5	26.5	19.0	13.2	9.5	4.75	2.36	0.6
10～30	100	90～100	—	—	—	0～15	0～5	—	—
10～25	—	100	90～100	—	0～15	—	0～5	—	—
10～20	—	—	100	90～100	—	0～15	0～5	—	—
10～15	—	—	—	100	90～100	0～15	0～5	—	—
5～15	—	—	—	100	90～100	40～70	0～15	0～5	—
5～10	—	—	—	—	100	90～100	0～15	0～5	—
3～10	—	—	—	—	100	90～100	40～70	0～20	0～5
3～5	—	—	—	—	—	100	90～100	0～15	0～3

3.4 细集料

3.4.1 细集料技术要求应符合现行《公路沥青路面施工技术规范》(JTG F40)的规定。

3.4.2 细集料规格应符合现行《公路沥青路面施工技术规范》(JTG F40)的规定。

3.5 填料

3.5.1 填料宜采用石灰岩经磨细得到的矿粉,其技术指标应符合现行《公路沥青路面施工技术规范》(JTG F40)的规定。

4 配合比设计

4.1 岩沥青改性沥青混合料级配范围

4.1.1 岩沥青改性沥青混合料配合比设计应根据沥青混合料类型进行，AC类沥青混合料的级配范围应符合表4.1.1中的相关规定。其他类型应符合现行《公路沥青路面施工技术规范》(JTG F40)的相关规定。

表4.1.1 密级配沥青混合料矿料级配范围

级配类型		通过下列筛孔(mm)的质量百分率(%)												
		31.5	26.5	19	16	13.2	9.5	4.75	2.36	1.18	0.6	0.3	0.15	0.075
粗粒式	AC-25	100	90～100	75～90	65～83	57～76	45～65	24～52	16～42	12～33	8～24	5～17	4～13	2～6
中粒式	AC-20		100	90～100	78～92	62～80	50～72	26～56	16～44	12～33	8～24	5～17	4～13	2～6
	AC-16			100	90～100	76～92	60～80	34～62	20～48	13～36	9～26	7～18	5～14	3～7
细粒式	AC-13				100	90～100	68～85	38～68	24～50	15～38	10～28	7～20	5～15	3～7
	AC-10					100	90～100	45～75	30～58	20～44	13～32	9～23	6～16	3～7
砂粒式	AC-5						100	90～100	55～75	35～55	20～40	12～28	7～18	4～9

4.2 岩沥青改性沥青混合料设计方法及技术要求

4.2.1 岩沥青改性沥青混合料设计宜采用马歇尔方法进行，具体设计指标应按现行《公路沥青路面施工技术规范》(JTG F40)的规定执行。

4.2.2 岩沥青改性沥青混合料高温性能应符合表4.2.2的要求。

表4.2.2 车辙试验动稳定度技术要求

气候条件与技术指标	相应于下列气候分区所要求的动稳定度(次/mm)									试验方法
七月平均最高气温(℃)及气候分区	>30				20～30				<20	
	1.夏炎热区				2.夏热区				3.夏凉区	
	1—1	1—2	1—3	1—4	2—1	2—2	2—3	2—4	3—2	
技术要求	≥3600		≥4000		≥3200	≥3600			≥3000	T 0719

4.2.3 岩沥青改性沥青混合料低温性能宜符合表4.2.3的要求。

表4.2.3 低温弯曲试验破坏应变(με)技术要求

气候条件与技术指标	相应于下列气候分区所要求的破坏应变(με)									试验方法
年极端最低气温(℃)及气候分区	<−37.0		−21.5～−37.0			−9.0～−21.5		>−9.0		
	1.冬严寒区		2.冬寒区			3.冬冷区		4.冬温区		
	1—1	2—1	1—2	2—2	3—2	1—3	2—3	1—4	2—4	
技术要求	≥3000		≥2800			≥2500				T 0715

4.2.4 岩沥青改性沥青混合料水稳定性能应符合表 4.2.4 的要求。

表 4.2.4 水稳定性检验技术要求

气候条件与技术指标	相应于下列气候分区的技术要求(%)				试验方法
年降雨量(mm)及气候分区	>1000	500～1000	250～500	<250	
	1.潮湿区	2.湿润区	3.半干区	4.干旱区	
浸水马歇尔试验残留稳定度					
技术要求	≥90		≥85		T 0709
冻融劈裂试验的残留强度比					
技术要求	≥80		≥75		T 0729

4.2.5 岩沥青改性沥青混合料渗水性能应符合表 4.2.5 的要求。

表 4.2.5 渗水技术要求

级配类型	渗水系数(mL/min)	试验方法
技术要求	≤120	T 0730

4.3 配合比设计方法

4.3.1 配合比设计按马歇尔设计方法,确定满足各项技术指标要求的矿料级配和最佳沥青用量。

4.3.2 岩沥青改性沥青混合料的配合比设计应包括目标配合比设计、生产配合比设计及生产配合比验证三个阶段。

4.3.3 岩沥青改性沥青混合料试件应按照现行《公路工程沥青与沥青混合料试验规程》(JTG E20)的要求制作,室内试验温度与拌和时间应符合表 4.3.3 的要求。

表 4.3.3 岩沥青改性沥青混合料室内试验温度与拌和时间

项目	单位	技术参数
沥青加热温度	℃	155～165
集料加热温度	℃	165～195
沥青混合料拌和温度	℃	165～175
试件成型温度	℃	155～165
拌和时间	s	≥180

4.3.4 目标配合比设计应按以下步骤进行:

1 采用工程实际使用的材料,优选矿料级配,通过试验确定最佳沥青用量,最大理论相对密度的测量应采用实测法。

2 按最佳沥青用量检验沥青混合料高温稳定性、水稳定性及低温抗裂性等路用性能,确定目标配合比。

4.3.5 生产配合比设计应按以下步骤进行:

1 按目标配合比确定拌和设备各冷料仓的供料比例等。

2　取样测试各热料仓的材料级配，确定各热料仓的配合比。

3　按目标配合比设计的最佳沥青用量 OAC、OAC±0.3%共 3 个沥青用量进行马歇尔试验，确定生产配合比的最佳沥青用量。

4　生产配合比最佳沥青用量与目标配合比最佳沥青用量的差值不宜超过±0.2%。

4.3.6　生产配合比验证应按以下步骤进行：

1　按生产配合比试拌、铺筑试验段。

2　取样进行马歇尔试验和抽提试验。

3　钻取芯样测定空隙率。

4　进行车辙试验和水稳定性检验。

5　确定生产用配合比。

5 施工

5.1 施工准备

5.1.1 进厂材料、设备、机具应按现行《公路沥青路面施工技术规范》(JTG F40)的规定执行。

5.1.2 岩沥青进厂后应进行抽检。抽检应按每一批号50t,不足50t的按一个批量计。每一批随机抽取10个样本,总量不少于6kg。经混合分成两份,一份送检,另一份封样保存。同一批号的产品抽检一次,其技术指标应符合表5.1.2的规定。

表5.1.2 岩沥青质量检测项目

序号	项目		单位	技术要求	检测方法
1	灰分		%	<80	T 0614
2	通过率	4.75mm	%	100	T 0351
		2.36mm		95～100	
		1.18mm		>80	
3	含水率		%	<2	T 0103

5.1.3 对于需要物理活化处理的岩沥青应破碎、研磨至本指南表5.1.2规定的通过率要求,加热至150℃～180℃并保持8min～10min后备用。

5.1.4 岩沥青改性沥青加工温度宜符合表5.1.4中规定,其生产工艺按附录B的要求执行。

表5.1.4 岩沥青改性沥青加工温度

项目	温度(℃)
基质沥青加热温度	150～160
改性沥青加工温度	160～170

5.1.5 岩沥青材料的存放场地应满足防雨、排水要求。

5.2 施工温度

5.2.1 岩沥青改性沥青混合料施工温度宜符合表5.2.1的要求。

表5.2.1 岩沥青改性沥青混合料的施工温度

项目	温度(℃)
岩沥青改性沥青加热温度	160～175
集料加热温度	170～195
沥青混合料出料温度	160～175
混合料废弃温度	>195
混合料到场温度	≥155
混合料摊铺温度	≥150
碾压终了的表面温度	≥90
开放交通的路表温度	≤50

5.2.2 采用聚合物改性沥青或掺加添加剂拌和的岩沥青改性沥青混合料,其施工温度应通过试验确定。

5.3 拌制

5.3.1 岩沥青改性沥青混合料拌和过程中应对沥青、各种矿料的用量、拌和温度进行逐盘采集,并对拌和设备的计量和测温进行校核。

5.3.2 岩沥青改性沥青混合料的拌和时间,每盘的生产周期不宜少于45s,其中湿拌时间不少于30s。当掺加添加剂时,其拌和时间宜延长5s以上。拌和后混合料应均匀一致,无花白料。

5.3.3 岩沥青改性沥青混合料出厂时应逐车称重、测温,签发运料单。

5.4 其他

5.4.1 运输、摊铺、碾压、开放交通等按现行《公路沥青路面施工技术规范》(JTG F40)规定执行。

6 施工质量控制

6.0.1 岩沥青改性沥青加工的检查项目与频率应符合表 6.0.1 的规定。

表 6.0.1 岩沥青改性沥青加工质量检查的项目与频率

项 目	频 率	标 准	试验方法
针入度(25℃,100g,5s)	每天 1 次	符合本指南规定	T 0604
软化点(℃)	每天 1 次	符合本指南规定	T 0606
灰分	每天 1 次	符合本指南规定	T 0614
岩沥青掺量误差	每罐 1 次	±2%	—

6.0.2 岩沥青改性沥青混合料施工质量检查的项目与频率应符合表 6.0.2 的规定。

表 6.0.2 岩沥青改性沥青混合料施工质量检查的项目与频率

项 目	频 率	标 准	试验方法
外观	随时	均匀、色泽亮、无花白、离析、油团	目测
混合料出场温度	逐车检测评定	符合本指南规定	自动检测与打印、存储
级配检查	每日 2 次,以 2 个试样的平均值评定	0.075mm:±2%; ≤2.36mm:±5%; ≥4.75mm:±6%	T 0725 抽提筛分与标准级配比较的差
	逐盘在线检测	0.075mm:±2%; ≤2.36mm:±5%; ≥4.75mm:±6%	自动检测与打印、存储
* 油石比	每日 2 次,以 2 个试样的平均值评定	±0.3%	T 0721 或 T 0722
	逐盘在线检测	±0.2%	自动检测与打印、存储
最大理论密度	每日 1 次	实测记录	T 0711
马歇尔试件空隙率	每日 2 次,以 4~6 个试样的平均值评定	与设计偏差±1%	T 0702、T 0709
马歇尔试件矿料间隙率	每日 2 次,以 4~6 个试样的平均值评定	与设计偏差±1%	T 0702、T 0709
马歇尔稳定度、流值	每日 2 次,以 4~6 个试样的平均值评定	符合本指南规定	T 0702、T 0709

CHTS

表 6.0.2(续)

项 目	频 率	标 准	试验方法
马歇尔残留稳定度	必要时(以 4～6 个试样的平均值评定)	符合本指南规定	T 0702、T 0709
动稳定度	必要时(以 3 个试样的平均值评定)	符合本指南规定	T 0719

注:* 岩沥青中含有灰分,采用高温燃烧法测得的油石比与实际油石比之间都会产生偏差,因此岩沥青改性沥青混合料油石比的确定,需要提前对混合料油石比进行标定,具体方法见附录 C。

6.0.3 岩沥青改性沥青混合料路面施工质量的检查内容、频率及标准应按照现行《公路沥青路面施工技术规范》(JTG F40)执行。

附录A(规范性附录) 岩沥青物理活化试验方法

A.1 试验仪器

A.1.1 坍落度筒:上口100mm,下口200mm,高300mm。

A.1.2 钢尺:量程500mm,刻度1mm。

A.1.3 托盘:800mm×800mm。

A.1.4 隔离剂:甘油与滑石粉以2∶1的比例混合。

A.1.5 烘箱:加热范围不低于100℃,控温精度±2℃。

A.1.6 橡胶板:厚度2mm～5mm,长120mm×宽120mm。

A.1.7 砝码:500g。

A.1.8 电子天平:感量不大于0.5g。

A.2 取样

A.2.1 随机抽取10个样本,总量不少于6kg。

A.3 试验准备

A.3.1 提前开启烘箱,温度设定为60℃。

A.3.2 按照T 0305方法测试试样的含水率,其值低于1%可进行下一步试验,大于1%应干燥处理。

A.3.3 将试样搅拌均匀分成三份,每份2kg。

A.4 操作步骤

A.4.1 将三份试样、砝码、坍落度筒、托盘置入60℃烘箱中,加热1h。

A.4.2 将坍落度筒内壁均匀涂抹隔离剂后,放在托盘中央,一边将试样倒在里面,一边用钢尺轻轻抚平试样表面,使其表面高度高于坍落度筒上沿约1cm为止。不得刻意压实或捣实岩沥青。如图A.4.6所示。

A.4.3 将橡胶板底部均匀涂抹隔离剂,放在试样上,刚好遮盖住整个表面位置为宜,再将500g的砝码加在橡胶板正中心处。

A.4.4 将托盘置入烘箱中,烘箱温度升至60℃时开始计时,保持15min,过程温度控制在60℃(±2℃)。

A.4.5 打开烘箱,取下砝码、橡胶板。用钢尺刮掉超出坍落度筒上沿的试样,使试样面和坍落度筒边缘在一个平面上,取下坍落度筒。整个过程在烘箱中操作,时间不得超过1min。

A.4.6 关闭烘箱，10min 后测量坍落后的样品的高度。

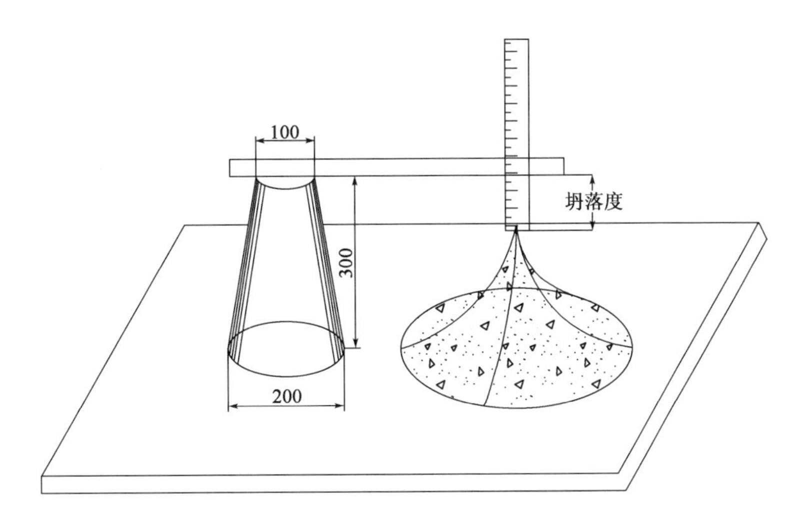

图 A.4.6 坍落度测量示意图(尺寸单位:mm)

A.5 坍落度计算

A.5.1 取三次坍落度平均值为该样品的坍落度值。

附录B(规范性附录)　岩沥青湿法加工工艺

B.1　岩沥青湿法加工工艺流程

B.1.1　岩沥青改性沥青湿法加工流程,主要包括五个步骤(图B.1.1):

1　将预热至150℃~160℃的基质沥青泵送至搅拌罐,待罐内温度升至160℃~170℃时,开启搅拌装置。

2　将岩沥青缓慢加入搅拌罐中搅拌。当掺量为10%时,搅拌时间不少于30min;当掺量为20%时,搅拌时间不少于45min;当掺量为30%时,搅拌时间不少于60min。

3　将预混料泵入胶体磨研磨,制备成品岩沥青改性沥青。

4　将制备好的岩沥青改性沥青泵入储存罐内备用。

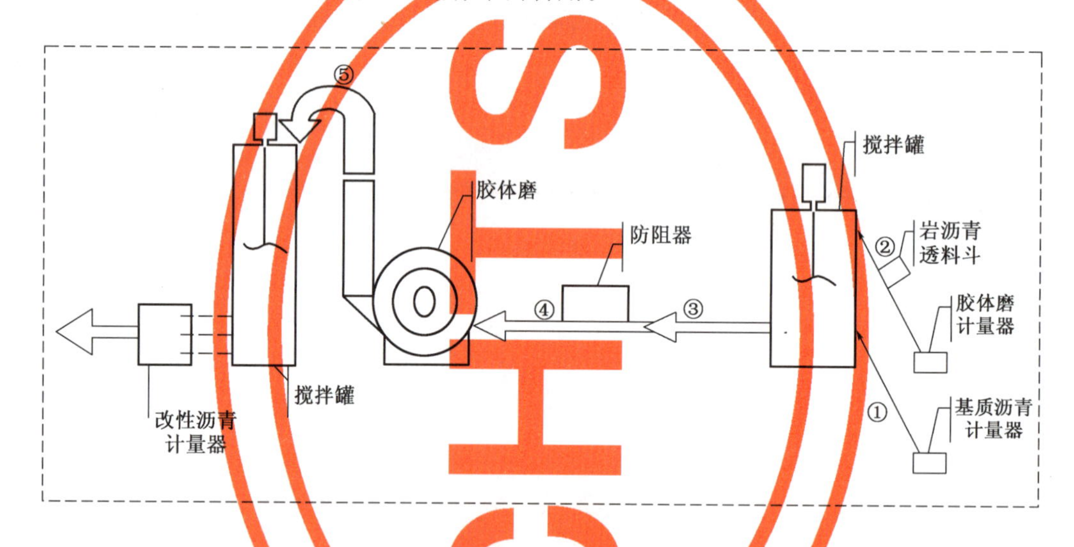

图B.1.1　岩沥青改性沥青湿法加工流程示意

CHTS

附录 C（规范性附录） 岩沥青改性沥青混合料油石比标定方法

C.1 目的与适用范围

C.1.1 本方法适用于岩沥青改性沥青混合料的油石比标定。

C.2 操作步骤

C.2.1 取现场所用原材料，按照配合比设计配置三组不同油石比的混合料，油石比分别为：目标配合比设计油石比，目标配合比设计油石比±0.5%（或±1%）。

C.2.2 通过 T 0735 测得各自的沥青含量。

C.2.3 以所测得的油石比为横坐标，以实际油石比为纵坐标，绘制油石比标定线。

C.2.4 对现场所取混合料通过燃烧法实测油石比后，再通过油石比标定线，查找对应的实际油石比。

用 词 说 明

1 本指南执行严格程度的用词，采用下列写法：

1） 表示严格，在正常情况下均应这样做的用词，正面词采用“应”，反面词采用“不应”或“不得”。

2） 表示允许稍有选择，在条件许可时首先应这样做的用词，正面词采用“宜”，反面词采用“不宜”。

3） 表示有选择，在一定条件下可以这样做的用词，采用“可”。

2 引用标准的用语采用下列写法：

1） 在标准条文及其他规定中，当引用的标准为国家标准或行业标准时，应表述为“应符合×××××的有关规定”。（×××××为标准编号）

2） 当引用标准中的其他规定时，应表述为“应符合本指南第×章的有关规定”“应符合本指南第×.×节的有关规定”“应按本指南第×.×.×条的有关规定执行”。

条文说明

1 总则

1.0.1 岩沥青在公路沥青路面中的应用包括“干法”工艺与“湿法”工艺，本指南仅针对“湿法”工艺。

2 术语

2.0.1 岩沥青物理活化处理是制备岩沥青改性沥青的关键工艺，未经物理活化的岩沥青、天然沥青分布在岩石的缝隙中，改性基质沥青的效果差；经物理活化后的岩沥青，岩沥青内95%以上的天然沥青覆盖在岩石表面，有效促进了岩沥青极性官能团与基质沥青中活性基团（羧基、醛、羰基、萘等）的交联缔合，增强了沥青内聚力，使得岩沥青改性沥青的流动性、抗氧化性、黏附性和感温性等获得明显的提高，进而提高岩沥青改性沥青混合料的抗高温、抗水损坏及抗疲劳性能，改性效果大幅提升。同时，考虑到物理活化的概念系首次提出，无相关试验检测方法，课题组提出利用坍落度筒检测岩沥青的活化完成程度，方法见附录A。

2.0.2 岩沥青改性沥青湿法加工工艺见附录B，值得指出的是，为了满足不同气候分区的需求，加工过程中可选择SBS、SBR、PE、胶粉等高分子聚合物作为辅助改性剂与岩沥青复合改性沥青。

3 材料

3.1.1 本指南中采用的岩沥青主要是印尼布敦岛产的布敦岩沥青，在配置不同种类的岩沥青改性沥青时会掺配一定比例的伊朗岩沥青与北美岩沥青，因此，要求岩沥青自身技术指标应满足《沥青混合料改性添加剂　第5部分：天然沥青》(JT/T 860.5—2014)中的规定。

3.2.2 岩沥青的掺量以百分比（%）计，具体计算公式如下：

$$W = \frac{m_B}{m_b} \times 100\%$$

式中：m_B——岩沥青质量(g)；

m_b——基质沥青质量(g)；

W——外掺比例。

同时，岩沥青掺量的确定还应考虑：

1 岩沥青的天然沥青含量及品质；

2 按照拌和楼给出的油石比掺加相对应的岩沥青的掺量；

3 使用层次等因素；

4 已有工程使用技术经验，特别是本地区应用岩沥青路面使用性能良好的工程案例。

3.2.3 岩沥青改性沥青与其他种类的改性沥青相比，特点在于含有灰分，通过胶体磨的研磨作用，灰分颗粒粒度一般在120目以上，均匀地分布在沥青中。因此，岩沥青改性沥青的性质与这种材料分布特征具有直接关系。当采用延度试验检测岩沥青改性沥青的延度时，往往会在灰分颗粒处产生应力集中，试件被拉断，不同组的试验结果离散性极大。然而，通过PG分级试验，岩沥青改性沥青BBR试验结果可达到−22℃，同时岩沥青改性沥青混合料低温弯曲试验破坏应变(με)也可满足现有规范对于改性沥青混合料的要求，因此，在岩沥青改性沥青技术指标中不再提出延度的技术要求。岩沥青改性沥青包括Ⅰ、Ⅱ、Ⅲ三种型号，分别适应于冬严寒区与冬寒区、冬冷区及冬温区。应根据《公路沥青路面施工技术规范》(JTG F40)沥青路面使用性能气候分区中的低温分区，选择适宜的沥青型号。

3.3.1 对于集料而言，突出了高速公路与一级公路粗集料的技术指标，将其他公路等级的指标划到其他一类，由于岩沥青改性沥青中含有一定的灰分，因此，细集料主要提高了0.075mm粒径的要求。

4 配合比设计

4.1 岩沥青改性沥青混合料级配范围

4.1.1 目前而言，岩沥青改性沥青混合料应用较多的混合料类型均为密级配AC类混合料，在应用过程中发现，由于岩沥青改性沥青中灰分的存在，在级配设计时0.075mm的通过率应下调1%，因此推荐的AC类沥青混合料的级配范围与部颁规范相比，仅调整了0.075mm的通过率，其他类型沥青混合料可以参考。

4.2 岩沥青改性沥青混合料设计方法及技术要求

4.2.1 岩沥青改性沥青混合料设计宜采用马歇尔方法进行，具体设计指标应满足《公路沥青路面施工技术规范》(JTG F40)中表5.3.3-1密级配沥青混凝土混合料马歇尔试验技术标准。

4.2.2～4.2.5 岩沥青改性沥青混合料主要提高了混合料的车辙试验动稳定度与浸水马歇尔试验残留稳定度的技术要求，与部颁规范中改性沥青混合料的技术指标相比，岩沥青改性沥青混合料的动稳定度至少可以提高1000次/mm，浸水马歇尔试验残留稳定度至少可提高5%，以上数据是根据大量室内试验与工程实践所总结提炼而来，也是岩沥青改性沥青混合料性能的体现。

4.3 配合比设计方法

为明确本指南中目标配合比设计流程，条文说明中以岩沥青改性沥青混合料AC-13C为例，进行目标配合比设计。具体流程如下：

1 原材料试验结果

本次目标配合比设计，沥青采用70号A级道路石油沥青；岩沥青采用湖北正康天然沥青科技有限公司生产的活化后的布敦岩沥青；粗集料采用玄武岩碎石和石灰岩碎石；细集料采用石灰岩细集料，规格分别为玄武岩1号(10～15)mm、玄武岩2号(5～10)mm、石灰岩3号(3～5)mm、石灰岩4号(0～3)mm。各种原材料技术要求及检测结果如表4-1、表4-2所示。

表4-1 70号A级道路石油沥青基本指标技术要求与试验结果

试验项目	单位	技术要求	试验结果	检测方法
针入度(25℃，100g，5s)	0.1mm	60～80	68	T 0604
软化点(R&B)	℃	≥46	47.5	T 0606
延度(15℃，5cm/min±0.25cm/min)	cm	≥100	>100	T 0605

表 4-2　布敦岩沥青基本指标技术要求与试验结果

试验项目		单位	技术要求	试验结果	检测方法
含水率		%	<2	1.8	T 0332
灰分含量		%	≤80	61.7	T 0735
密度		g/cm³	>1.6	1.710	T 0328
颜色		—	黑色、褐色粉末	褐色粉末	目测法
坍落度		mm	≥150	155	附录 A
粒度范围	4.75mm	%	100	100	T 0327
	2.36mm	%	95～100	95.8	
	1.18mm	%	>80	82.8	

岩沥青掺量一般宜为基质沥青掺量的 10%～30%，并结合项目所在地区的气候和交通等条件、岩沥青掺量根据试验检测结果进行适当调整。本次示例采用岩沥青外掺 30%制备布敦岩沥青改性沥青成品。具体试验检测指标见表 4-3～表 4-6。

表 4-3　布敦岩沥青改性沥青基本指标技术要求与试验结果

试验项目		单位	试验结果	技术要求	检测方法
针入度(25℃,100g,5s)		0.1mm	43	40～60	T 0604
软化点		℃	56.0	>54	T 0606
针入度指数 PI,不小于		—	−0.2	≥−0.8	T 0604
运动黏度(135℃)		Pa·s	0.361	<3	T 0620
闪点		℃	298	≥230	T 0611
溶解度(三氯乙烯)		%	86	≥76	T 0607
灰分		%	19	≤20	T 0614
TFOT	质量变化	%	−0.371	±0.8	T 0609
	针入度比(25℃,100g,5s)	%	71	>60	T 0604

表 4-4　粗集料物理性能指标与试验结果

试验项目	试验结果			技术指标		检测方法
	(10～15)mm	(5～10)mm	(3～5)mm			
表观相对密度	2.936	2.918	2.718	≥2.6		T 0304
表干相对密度	2.908	2.895	2.686	—		T 0304
毛体积相对密度	2.894	2.883	2.667	—		T 0304
吸水率(%)	0.49	0.42	0.71	≤2.0		T 0304
针片状含量(%)	10.6	11.0	12	>9.5mm	≤12	T 0312
				<9.5mm	≤18	
压碎值(%)	12.1	—	—	≤26		T 0316
<0.075mm 含量(%)	0.4	0.3	0.7	≤1		T 0310

CHTS

表 4-5 细集料物理性能指标与试验结果

试验项目	试验结果	技术指标	检测方法
表观相对密度	2.745	≥2.5	T 0328
表干相对密度	2.699	—	T 0328
毛体积相对密度	2.672	—	T 0328
吸水率(%)	0.99	—	T 0330
砂当量 SE(%)	68	≥60	T 0334

表 4-6 矿粉物理性能指标与试验结果

试验项目	试验结果	技术指标	检测方法
表观密度(t/m^3)	2.688	≥2.5	T 0352
含水率(%)	0.3	≤1	T 0103
亲水系数	0.6	<1	T 0353
塑性指数(%)	3.6	<4	T 0118—2007

采用水洗法对矿料进行筛分,具体筛分试验结果见表 4-7。

表 4-7 矿料筛分试验结果

集料规格	通过下列筛孔(mm)的质量百分率(%)									
	16	13.2	9.5	4.75	2.36	1.18	0.6	0.3	0.15	0.075
1 号(10~15)mm	100.0	78.5	4.8	0.7	0.4	0.4	0.4	0.4	0.4	0.4
2 号(5~10)mm	100.0	100.0	95.3	3.3	0.5	0.3	0.3	0.3	0.3	0.3
3 号(3~5)mm	100.0	100.0	100.0	96.3	4.9	2.9	2.6	2.3	2.3	2.3
4 号(0~3)mm	100.0	100.0	100.0	100.0	85.8	60.7	40.9	26.1	19.5	12
矿粉	100.0	100.0	100.0	100.0	100.0	100.0	100.0	100.0	98.4	78.6

2 矿料设计级配的确定

根据本地区工程经验和 JTG F40 中对 AC-13C 型沥青混合料级配范围的要求,经过反复调整、计算,最终确定 AC-13 工程设计合成级配,合成级配试验结果和级配曲线图分别见表 4-8 和图 4-1。

表 4-8 AC-13 矿料合成级配试验结果

矿料	配合比(%)	通过下列筛孔(mm)的质量百分率(%)									
		16	13.2	9.5	4.75	2.36	1.18	0.6	0.3	0.15	0.075
1 号	24	24.0	18.8	1.2	0.2	0.1	0.1	0.1	0.1	0.1	0.1
2 号	34	34.0	34.0	32.4	1.1	0.2	0.1	0.1	0.1	0.1	0.1
3 号	10	10.0	10.0	10.0	9.6	0.5	0.3	0.3	0.2	0.2	0.2
4 号	30	30.0	30.0	30.0	30.0	25.7	18.2	12.3	7.8	5.9	3.6
矿粉	2	2.0	2.0	2.0	2.0	2.0	2.0	2.0	2.0	2.0	1.6
合成级配		100.0	94.8	75.6	42.9	28.5	20.7	14.7	10.3	8.2	5.6
工程设计级配范围	级配上限	100.0	100.0	85.0	68.0	50.0	38.0	28.0	20.0	15.0	7.0
	级配下限	100.0	90.0	68.0	38.0	24.0	15.0	10.0	7.0	5.0	3.0
注:最终确定的矿料比例为:1 号(10~15)mm∶2 号(5~10)mm∶3 号(3~5)mm∶4 号(0~3)mm∶矿粉=24%∶34%∶10%∶30%∶2%。											

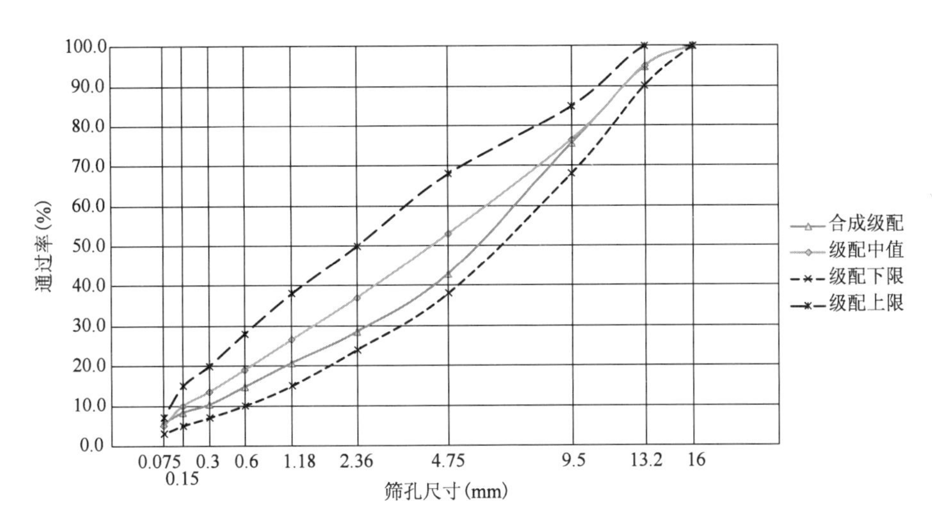

图 4-1 AC-13C 密级配沥青混凝土混合料矿料级配曲线图

3 最佳油石比的确定

结合当地工程实际经验和 JTG F40 要求，按照间隔 0.5%变化，采用不同油石比制作马歇尔试件，每一组试件数量按现行试验规程规定的要求确定。通过对试件物理指标、力学指标的测定，得出马歇尔试验结果，见表 4-9。

表 4-9 沥青混合料马歇尔试验结果

序号	油石比(%)	毛体积相对密度	VV(%)	VMA(%)	VFA(%)	MS(kN)	FL(mm)
1	3.9	2.452	7.6	15.5	51.0	11.42	2.6
2	4.4	2.476	6.0	15.1	60.2	12.19	2.6
3	4.9	2.495	4.6	14.8	69.0	13.15	2.8
4	5.4	2.509	3.5	14.8	76.3	13.40	2.9
5	5.9	2.502	3.0	15.4	80.5	13.08	3.0

根据不同油石比的马歇尔试验结果，绘制毛体积相对密度、稳定度、饱和度等各项指标与油石比的关系曲线(图 4-2)，依据《公路沥青路面施工技术规范》(JTG F40—2004)确定最佳油石比。由曲线可得，毛体积相对密度最大值对应的油石比 a_1=5.4%，稳定度最大值对应的油石比 a_2=5.4%，目标空隙率(4.5%)对应的油石比 a_3=4.9%，沥青饱和度范围的中值(70%)对应的油石比 a_4=4.9%，则 OAC_1=5.2%；又 OAC_{min}=4.6%，OAC_{max}=5.3%，则 OAC_2=5.0%，取 OAC_1 和 OAC_2 的中值为最佳油石比，即最佳油石比 OAC=5.1%。

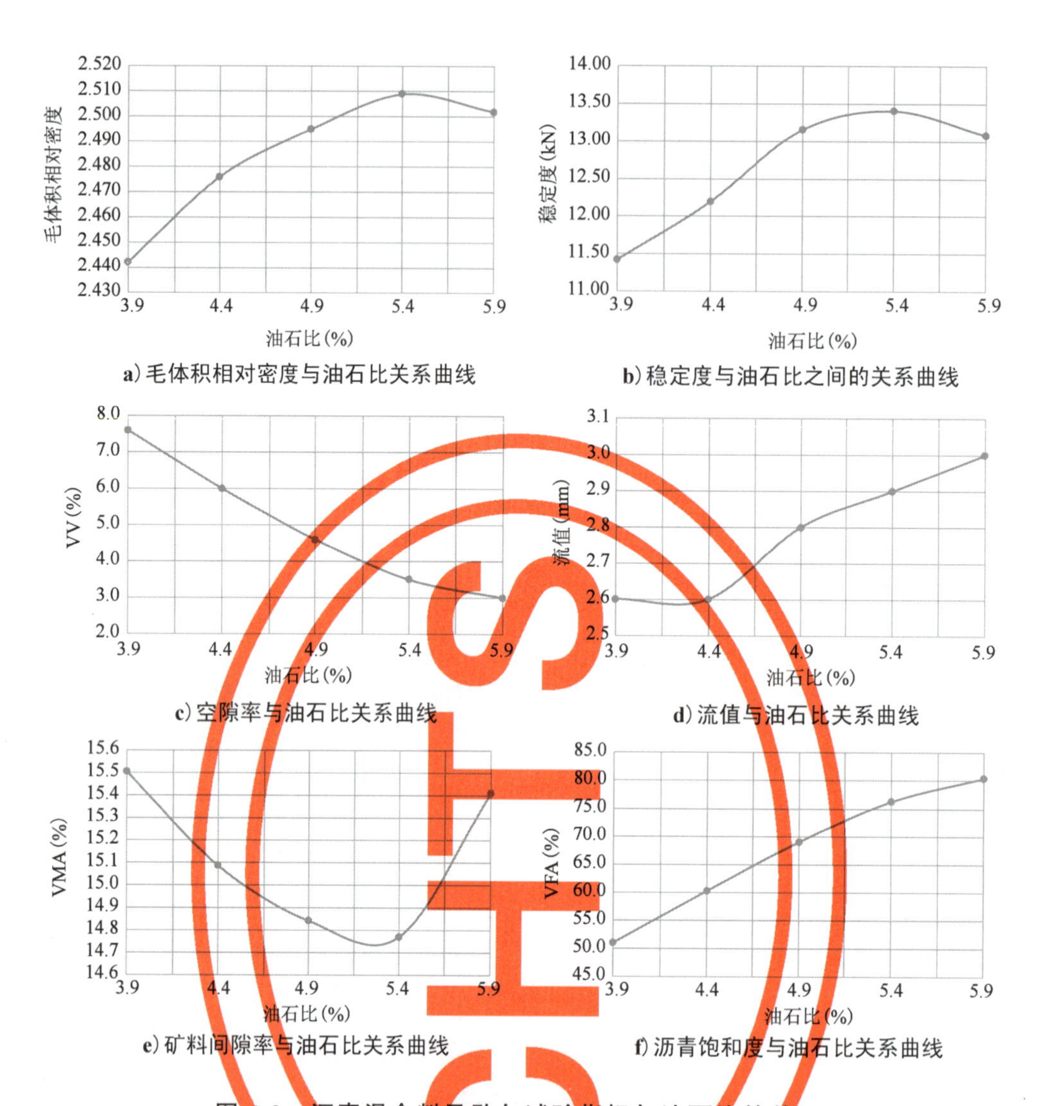

a)毛体积相对密度与油石比关系曲线

b)稳定度与油石比之间的关系曲线

c)空隙率与油石比关系曲线

d)流值与油石比关系曲线

e)矿料间隙率与油石比关系曲线

f)沥青饱和度与油石比关系曲线

图 4-2　沥青混合料马歇尔试验指标与油石比的关系

4　性能检验

按照目标配合比设计确定的矿料级配和最佳油石比[1 号(10～15)mm∶2 号(5～10)mm∶3 号(3～5)mm∶4 号(0～3)mm∶矿粉=24∶34∶10∶30∶2;最佳油石比 5.1%]进行性能检验。具体试验检验结果见表 4-10。

表 4-10　布敦岩沥青改性沥青混合料性能检验试验结果

序　号	试验项目	单　位	试验结果
1	动稳定度	次/mm	4236
2	浸水马歇尔试验残留稳定度	%	93.1
3	冻融劈裂试验后残留强度比	%	83.5
4	低温弯曲试验破坏应变	με	2558

5 施工

5.1 施工准备

5.1.3 岩沥青在现场的存储应对材料的存放场地、防雨和排水措施进行确认，防止在使用前结团。

5.3 拌制

5.3.2 由于改性机理不同，岩沥青改性沥青混合料施工温度较聚合物改性沥青混合料要低5℃～10℃，拌和时应适当提高湿拌时间。

6 施工质量控制

在岩沥青改性沥青路面施工过程中，原材料的质量控制中增加了对岩沥青灰分与掺量的控制，灰分含量过高不仅会影响岩沥青改性沥青性能，同时也会增加沥青管道堵塞的风险，因此在施工过程的材料质量检查与控制中增加了该指标的控制。岩沥青掺量控制标准的提出是为了保证岩沥青改性沥青中岩沥青的掺量与设计相符，避免因岩沥青掺量的波动而导致的工程质量问题。